Dedicato a tutte le persone che hanno
provato una esperienza simile

Indice :

Premessa

Ringraziamenti

Il libro è stato scritto come se fosse un
diario disordinato di viaggio , poiché la
mente umana che ha provato delle
simili
emozioni , è di certo distorta e
comunque
disorientata da realizzare
ciò che veramente gli è capitato , anche
perché
ovviamente deve recepire e
metabolizzare
tutte le innumerevoli informazioni …..

PREMESSA

Occorre dire prima di iniziare nel leggere questo libro-rapporto che gli appunti in origine di questo lavoro sono stati presi da chi scrive sulla base delle sedute con l'addotto , avvenute in un ambiente confortevole e di proprio agio per il soggetto , e che dopo l'insistenza durata un anno dal termine di tali già dette sedute , chi scrive ha convinto pur salvaguardando i dati sensibili per espresso volere del "rapito" di far venire "a galla" l'esperienza , edulcorata di nomi di luoghi e di persone , da non permettere in nessun caso una possibile individuazione. Sta di fatto comunque che nonostante lo scetticismo dell'intervistato su certe argomentazioni non si nasconde una certa curiosità nel carpire tutto ciò che traspare dell'esperienze durevoli negli anni , che puntualmente come un orologio si fanno sempre vive.

Altro fatto indiscutibile è che l'esperienza descritta indubbiamente è stata e continua ad essere significativa , infatti non si mette in alcun dubbio la veridicità dell'esperienza totale.

Quello che si descrive è una progressiva esperienza che materialmente si ripresenta è che genera sentimenti posti in vari piani , traspare un affresco ricco di contenuti e che possono suscitare altre fonti di argomentazioni. Il fine ultimo che si spera e che questo frammento di vita di un concittadino di chi scrive possa essere un punto di riferimento per ricercatori che interpretano il fenomeno dei rapimenti alieni sempre più presenti nella nostra società.

Rapimenti alieni che non sono riconducibili però ad un fenomeno odierno della nostra epoca , bensì vi sono numerosi "casi" o "resoconti" di avvistamenti ufo con rapimenti persino nei tempi antichi le cronache di tali avvenimenti sono state tramandate dalla tradizione orale fino ad arrivare a quella scritta si pensi che questi fatti sono stati narrati come parte tangibile della mitologia planetaria di molteplici culture , naturalmente non tralasciando i più antichi testi del genere umano che hanno portato alla nascita delle religioni egemoni nel contesto sociologico della società umana stessa.

L'unica cosa che sembra cambiata , l'unica differenza sostanziale è la modalità , anticamente i "rapiti" erano quasi prescelti dalla propria gente o meglio prescelti dai viaggiatori intergalattici o interdimensionali quindi venivano proprio secondo le cronache invitati a viaggiare nei "carri celesti" , nei tempi moderni questa modalità lascia il passo ad un intervento "quasi violento" , cioè si preleva l'essere umano , si immobilizza e si fanno ogni sorta di esperimenti , come se fosse in corso una nuova fase dell'interferenza aliena nella nostro pianeta.

Chi scrive crede infatti fermamente che gli Alieni non abbiano mai lasciato solo il genere umano , Loro sembra invece accompagnarlo durante le varie fasi dell'evoluzione della stessa specie. Allora che cosa è cambiato dal "Primo Contatto" ora assistiamo a veri e propri rapimenti sia di essere umani e sia di animali , prima eravamo invitati a seguire gli antichi navigatori.

Per logica è mia oppinione che sia cambiato "attore" di questi rapimenti , cioè che non sia la stessa razza del passato , molto probabilmente siamo di fronte a più "visitatori" che con noi nulla hanno a che vedere , quindi si ha un comportano come "freddi scienziati " con fame di curiosità scientifica , no come "Padri" che aiutano ad evolvere.

In questo contesto ed in questa situazione bisogna riformulare il fenomeno dei "rapimenti" tali devono essere visti come una minaccia , consideriamo infatti che chi viene in pace non "cattura" membri della specie predominante sul pianeta di arrivo . Le domande che vengono in mente sono : Perché succedono ? , Chi sono ? , Cosa Vogliono ? , Perché tutto questo interesse per noi ?
Sono alcune delle tante domande che è possibile porre , senza risposta per il momento.

Le persone che vengono rapite sono soggette a vere e proprie "torture" mediche un po' come noi facciamo con i topi in laboratorio le cosiddette cavie.

Questo libro-rapporto si propone come solo e semplice resoconto di una realtà sconvolgente che a chiunque più succedere , al signore o alla signora della porta accanto.

LE
CASSETTE:

Il narratore riavvolge i nastri :

alcuni dati fisici e sociologici del soggetto:

Altezza: 1.73 cm
peso :   90 kg
Occhi : Castani
Corporatura : Robusta
Capelli : Neri
Gruppo Sanguinio : RH positivo
Livello di studi : Università Legge
Località di nascita : Sanremo
Residenza : Sanremo
Lavoro : Non Pervenuto
Famiglia : medio ceto

Nelle varie cassette il soggetto racconta la sua personale esperienza con il "fenomeno" cercando anche tal volta di dagli una spiegazione logica o illogica a secondo dello stress emotivo che Egli è sottoposto.

L'audio delle cassette è stato trascritto
riassumendo i concetti fondamentali

TAPE 1

...Non ricordo , quanti anni avevo , ma una sera , un Natale di una trentina di anni fa in casa che fù la mia dimora per quattordici anni , io fui testimone di un episodio bizzarro , e quantomai sintomatico dell'inizio delle anomalie in quell'appartamento.

Riesco ancora a ricordare che dalla cameretta mia intravedevo una luce azzurrina ed a tratti biancastra e ricordo ancora che le luci giravano , l'effetto era simile a le luci psichedeliche delle discoteche , non vi erano rumori ne suoni , niente , ricordo che spinto da una forza che non mi riconoscevo , poiché non ero coraggioso ne avventuroso , ma ero un tipo mite , fin troppo , mi avvicinai alla camera dei miei che era al buio e cercai di chiamare i genitori ma senza esito poiché essi dormivano , decisi di far loro continuare il loro sonno e mi spinsi verso la sala , la stanza dove proveniva quella misteriosa luce.

Ora capisco con il senno di poi che quello appena descritto era una esperienza di rapimento.

Entrai nella stanza e con sorpresa vidi una sfera , una grande sfera blu la sua superficie era costellata di tanti buchi da dove si irradiavano le luci sia blu che bianche , la sfera girava su se stessa non capace di fermarsi , la stanza aveva un diametro di circa venti metri quadrati e l'angolo descritto era quello dove di consueto facevamo l'albero di Natale , il fatto è che la sfera aveva , be come dire offuscato lo stesso albero e stava sopra lo stesso.

Fatto sconcertante è che di tutto mi ricordo , questo , ma non mi ricordo di come sono finito nuovamente nel letto.

Passa forse un anno e una sera sempre nella stessa sala vedo una sfera di colore blu grande come la prima sopra descritta ma l'unica differenza la sfera mi fa vedere all'interno della suo diametro un mare in burrasca con un Galeone che si infrange nelle onde.

Forse il Galeone è una allegoria di una nave spaziale.

Da allora avverto la possibilità veritiera di poter essere più leggero dell'aria sbattendo le ali e spesso per gioco mi ritrovo sopra i mobili o sul soffitto , poi come se fossi senza gravità mi ritrovo di nuovo sul pavimento , sento dei rumori o meglio dei suoni e dei brusii nelle orecchie e spesso mi esce il sangue dalle cavità nasali.

Nella memoria mi va il ricordo della sensazione sempre avvertita in quella casa che qualcuno o qualcosa mi osservasse , mi ricordo le folate di vento la dove le finestre erano completamente chiuse ed i brividi lungo la schiena .

I suoni non mi lasciarono anzi continuano , anzi continuano , ma non sono solo queste.

Le sensazioni si trasformano in visioni . Ricordo le allucinanti materializzazioni avvenute in camera mia , nelle pareti prendevano corpo e forma le facce spaventose di migliaia di pagliacci che con bocche larghe facevano foggia di denti particolari affilati.

Le allucinazioni non si fermavano qui infatti rimanevo immobilizzato nel letto senza potermi muovermi ed il più delle volte poi mi sentivo osservato e avvolte mi accorgevo che qualcosa o qualcuno era seduto vicino a me , mi osservava .

Il sesso di questi "osservatori" notturni erano indifferenti anche se solo una volta ho distinto chiaramente dei cappelli ricci e una sembianza nella forma dell'ombra di una femminile presenza , il tutto avveniva nella mia camera, il tutto avveniva in quella casa.

Fino a quando da quella casa io e la mia famiglia non siamo andati via.
Trasferendoci in un'altra casa pensavo che quello che chiamavo "fantasie" non si affacciavano nuovamente.

Infatti esse mi perseguitavano nuovamente.

La domanda che si fa l'intervistatore e se l'esperienza di rapimento alieno possa scaturire una sorta di canalizzazione attraverso una sensibilizzazione per la percezione di altre realtà.

Quindi perché non dire che chi ha esperienze di rapimenti è soggetto ad avvenimenti di natura paranormale. Il confine secondo chi scrive è molto sottile.

TAPE 2

Passano gli anni i fatti anomali non si placano , infatti dalle finestre a nord verso le montagne verso le mezzanotte vi è un continuo traffico aereo di veicoli triangolari muta forma , "presente comunque in molti avvistamenti", questo traffico dura anni , fino al più completa cessazione di tutto.

Le anomalie aree tuttavia vengono viste da me anche nelle ore diurne sopra al mare.

Il fenomeno si ripete di continuo , fino a quando il traffico aereo come è iniziato , finisce.

Poi mi ricordo una cosa strana, nella totalità di alcuni anni , vedo gente con sguardi spenti , pallidi in volto e apparentemente imbruttiti.

Questa gente sembrano esseri umani , ma io so che non è così , forse l'invasione è iniziata.

Ed iniziano ancora di più le costrizioni notturne caratterizzate dall'immobilismo pressoché totale del corpo nel letto e di sogni ricorrenti e strani che ogni giorno di ogni notte si rincorrono in un rintocco quasi eterno, con il riscontro diurno di strane sensazioni di essere sempre sotto controllo.

Questo potrebbe essere la conferma che non ci troviamo di fronte a nessun disturbo del sonno conosciuto ma bensì proprio di un effetto collaterale al "rapimento" del nostro interlocutore.

TAPE 3

Prendetemi per pazzo , ma bé , non lo
sono .

Fatti strani mi dimostrano l'incontrario ,
so di essere costantemente osservato ,
so di vivere come se fossi proiettato in
un reality show so che loro , gli altri o
come volete chiamarli sono vicino a me
, forse sono vicino a me come dei vicini
, forse come dei parenti oppure sono
dentro di me.

Una cosa resta chiara è che il mio senso
mi dice che sono guardato , seguito ,
spesso avvicinato da esseri umani che
non sono poi così tanto esseri umani, la
sensazione è forte e non sono spider
man , ma sono un adotto , sono un
"fottutissimo" adotto che non voleva
essere in questa situazione , ma forse
ero già predestinato ad esserlo , chi può
dirlo , chi può saperlo, ancora non mi è

chiaro il metodo di selezione delle cavie , perché è cosi che mi sento una cavia.

L'intervistato ha chiare tendenze paranoiche dovute ovviamente a qualcosa che turba la sua normale attività , questa considerazione è lampante e lineare con le sue dichiarazioni.

TAPE 4

Di notte arrivano , non mi ricordo come arrivano , ma arrivano, rimango bloccato , nel letto , nel letto con dolore non riesco a distaccarmi dalla loro morsa , dalla loro morsa , poi …. ad un tratto come per magia si interrompe tutto questo e ritorno con tormento a dormire.

Chi scrive pensa che questa sia una forma di paralisi notturna fenomeno abbastanza "normale" ma certi ambienti credono che sia una dimostrazione fisica di qualche entità.

TAPE 5

Ogni giorno nel sogno vengono ,
avvolte sento la loro presenza anche di
mattina , e sono ovunque , mi sento
osservato e sono certo che loro
guardano i miei passi giornalieri , mi
chiedo decisamente che cosa vogliano ,
mi chiedo perché mi hanno scelto.

*L'angoscia che si dimostra riempie
notevolmente le pagine degli appunti
segno di un disagio "cronico"
qualcosa sicuramente è stato intaccato
e la mente del soggetto ne risulta in un
certo senso compromesso , in realtà
questo sicuramente è un meccanismo di
difesa della stessa , poiché non riesce
ancora ad elaborare tutto questo.*

TAPE 6

La scoperta più sensazionale è la mia capacità rigenerativa che ha dell'incredibile , mi paragono ha una lucertola che ferita alla coda , gli ricresce in maniera rapida e uguale a prima.

Mi sento o meglio ho il "sentore" che qualcosa nel mio DNA è stato modificato , mi sento che sono stato "migliorato" in qualche modo non sono un semplice essere umano , ma faccio parte di quella piccola percentuale di umani , "ascesi" ad una nuova soglia evolutiva.

Quindi guarisco velocemente , e velocemente riprendo come prima la mia vita. Infine ho anche aumentato le capacità percettive , sono recettivo al mondo non visibile sono percettivo verso altre realtà.

Le modifiche hanno toccato altri aspetti delle capacità umane.

Certamente sono in contatto privilegiato con le percezioni ma anche con particolari flashback di percezione del futuro.

Chi scrive è stato testimone di una guarigione portentosa , ma è scettico sulla modifica del DNA .

Infatti secondo la biologia non può esserci una modifica genetica cosi repentina , ovviamente in natura esistono le regole dell'evoluzione.

Quindi una evoluzione veloce dovrebbe necessariamente essere "dipinta" come una "modifica pilotata".

TAPE 7

Del cambiamento dell'approccio mi resi conto subito , mi prelevano nel mondo onirico e mi fanno stare in una paralisi spazio-temporale e più volte non ricordo che cosa mi è successo , essi manipolano la mia mente come se fosse una piega temporale.

La mia deduzione quindi è che mi trovo ad essere analizzato da creature interdimensionali che con estrema facilità si spostano di un universo all'altro.

Il rapito documentandosi da solo su Internet e con l'ausilio di numerose riviste del settore misterico si è riconosciuto in alcuni casi descritti e ha sposato l'idea dell'entità ultraterrena , non c'è dubbio tuttavia che in merito a quanto dovuto vi sia qualcosa di "strano" comunque anche chi scrive nutre l'idea di un certo tipo di entità bidimensionale che trova più facile terreno quando alcune funzioni dell'uomo sono inibite o indebolite mentre altre risultano accentuate.

TAPE 8

il racconto continua :

Spesso mi sveglio con strani dolori , allergia a silicone ed altri elementi anallergici tendono ad essere non capibili ma frequenti.

"Chi scrive sente la necessità comunque di scrivere che le allergie possono venire anche ad individui nati senza le stesse , infatti non si nasce con esse si diventa."

Spesso ho strane macchie sulla pelle che non mi spiego , strani ex semi compaiono di mattina e scompaiono subito dopo ore.

Le tessere del puzzle si sono mescolate più di una volta , ma ora sembrano molto chiare e si incastrano velocemente .

La tecnologia medica aliena è avanzata , ma sicuramente non dissimile da quella terrestre che stranamente , ha avuto un balzo eccezionale in questi anni.

"Le considerazioni fatte dal soggetto sulla medicina aliena è del tutto speculativa".

Mi sveglio tuttavia più forte e pieno di energie no ho bisogno di dormire più tanto , trovo di avere la consapevolezza di essere superiore agli altri esseri umani , forse incomincio a pensare che in qualche maniera sono già asceso ad un gradino evolutivo differente rispetto all'ottantacinque percento della popolazione mondiale, il resto è come me il resto e stato mutato , grazie all'intervento esterno.

Ho la consapevolezza quasi istintiva ma credo che sia indotta che sono diverso dagli altri che non appartengo alla razza umana sono un rappresentante di una nuova razza , lo sento dentro come se una voce me lo dicesse di continuo.

" la considerazione di una mutazione ibrida aliena-umana è stata più volte discussa nei teorici dell'ufologia ma quanto esposto sopra sembra gettare una nuova luce del problema."

La capacità eccezionale e la sensibilità emotiva rendono più sensibili individui come me , sono capaci di ascoltare ma anche in stati emozionali di assorbire le energie delle persone intorno , non siamo vampiri energetici , credo che si definiscano così, tali individui secondo elementi di studio inconfutabili sono definiti empatici.

Ma quali sono le pecche di questa non spontanea evoluzione , è difficile capirle , è difficile definirle , infatti dovremmo essere tutti noi sezionati ma anche allora sarebbe totalmente inutile , poiché non vi sono differenze somatiche , ma solo tratti del genoma umano sollecitati per compiere passi evolutive importanti per assomigliare a qualcuno o qualcosa.

TAPE 9

A che cosa dobbiamo assomigliare , con chi dobbiamo dialogare , non so quale passo intraprendere , intanto gli avvistamenti proseguono , intanto le visite notturne continuano.

Le analisi del sangue non hanno riscontrato nessuna anomalia tranne per i globuli rossi , ma le anomalie esistono e sono tangibili.

Mi sono solo potuto rivolgere ad un amico per mettere in ordine ciò che vivo. Posso solo pensare di raccontarlo a Lui anche perché chi può credermi.

TAPE 10

Sono combattuto sono combattuto mi sento diverso , sono più consapevole di essere unico fra molti , ma unico fra tanti , non esiste il tempo o meglio il tempo lo vedo in maniera diverso , la dimensione che noi comunemente chiamiamo tempo non ha valore per me , forse penso che è un effetto degli esseri interdimensionali o meglio sulla presenza di coloro che io chiamo i "viaggiatori" mi chiedo quando arriverà il momento per questi esseri di presentarsi a tutti gli esseri umani.

Loro una notte mi fecero capire che al genere umano si erano già presentati si erano già dichiarati i governi mondiali sanno della loro presenza e del loro controllo e si controllano reciprocamente , hanno fatto accordi con i governi dei principali paesi i quali rappresenterebbero l'intera umanità in questo scambio "commerciale" , loro controllano politica, religione, economia.

Le tre principali categorie sopra riportate sono alla base di ogni civiltà progredita , possibile per un manipolo elitario decidere il destino di ciò che potrebbe rappresentare il futuro del genere umano.

Per fare questo hanno bisogno di uomini e donne sotto il loro diretto controllo , quindi diciamo mi sento in qualche maniera investito da qualche unzione particolare.

TAPE 11

Più avanti negli anni , venni in contatto con una società segreta direttamente controllata da queste entità , la setta controlla il mondo intero e pochi governanti non sono loro burattini , stanno apportando la costituzione di un nuovo ordine , ma questo non è nuovo , venne cercato di applicare in tutte le epoche della storia umana , tutti gli imperi vennero corrotti dalla setta , ma la luce del nuovo ordine non fece breccia o meglio apparentemente , poiché essa venne sopita e trasportata in quello che poteva essere un nuovo traguardo inerente al nuovo ordine , il nuovo ordine non nacque ufficialmente ma esso è decisamente vivo ed operativo , proprio la politica , la religione nell'economia sono le armi del nuovo ordine la trasformazione finale è in atto già adesso , include ovviamente numerosi passaggi e numerose tappe , quindi i gradini evolutivi della società umana sicuramente sono delle fasi di un disegno più grande.

TAPE 12

Quindi un "rapito" dagli "alieni" tendenzialmente posso dire che ha bisogno di una mano dalle autorità dando disposizioni all'ausilio di psichiatri e dalle autorità religiose ovviamente il conforto di andare avanti e di reintegrarsi nella società , dato che chi come me ha vissuto questa esperienza sa bene che si sente estraneo e fuori posto come succede per fare un paragone ad un reduce di guerra appena ritornato dal fronte analogamente chi non ricorda i veterani del Vietnam come esempio risulta al sottoscritto calzante.

TAPE 13

Il rapimento distrugge la mente del rapito o meglio viene talmente scioccato che ha una regressione purtroppo dovuta alla esposizione prolungata di un atto non volontario ma bensì obbligato.

Ecco perché è necessario un supporto oltre modo valido , mi viene in mente un fenomeno analogo al rapimento alieno che è in un certo senso l'esorcismo.

Certo le due cose non si possono mettere insieme , poiché solo i supporto esterno e uguale mentre ovviamente il resto è dissimile.

TAPE 14

Il rapito infine giunge alla conclusione che nella sua famiglia vi sono state numerosi fattori di dubbia provenienza , infatti fenomeni simili sono stati descritti al soggetto dai suoi famigliari.

Quindi se vogliamo siamo di fronte ad un fenomeno per così dire ereditario e continuo , la scelta cade su tutti i famigliari del nucleo famigliare , i fenomeni possono essere interpretati come interventi di qualche forza del sopranaturale ma in realtà sono effetti della presenza di entità aliene che manipolano la nostra percezione della nostra realtà.

La realtà manipolata per servire meglio nello scopo principale fare analisi , esperimenti con il DNA e riproduttivi.

Alcuni disegni fatti da chi scrive sotto descrizione del rapito:

Astronave

volto della creatura notturna

...disegno riprodotto dal testimone ...

TAPE 15

I sogni sono ricorrenti e sono spesso indice di premonizione chi scrive crede che questi sogni siano i prodotti degli innesti alieni della cavia umana.

Innesti tanto piccoli che non si vedono ad occhio nudo , ma che provocano anche infiammazioni cutanee ed infezioni che misteriosamente vi sono in atto ma che non si capisce la ragione dando avvolte anche sfogo a delle vere e proprie abrasioni prodotte da bruciature queste bruciature che rispondono al silicone, naturalmente il prodotto di tali considerazioni si tende ad escludere in maniera indiscutibile l'ipotesi di suggestionabilità.

TAPE 16

Di seguito le foto scattate recentemente dal mio intervistato , sono foto che in esclusiva vengono rilasciate per questo libro , ma sono disponibili anche perchì ne facesse richiesta per ulteriori analisi.

All'interno della foto noterete da una a tre "palle" di colore rosso che all'improvviso spariscono come sono apparse , le foto non sono ritoccate , è rappresentano esattamente quello che ritraggono , i globi rossi sono per altro già stati avvistati in diversi luoghi del Pianeta , quindi non sono fenomeni locali , simili oggetti sono stati visti sopra le piramidi delle antiche civiltà precolombiane , danzano intorno alle punte di quei siffatti monumenti.

Illustrazione 1: @by Panetta Pietro

razione 2: @by Panetta Pietro

si noti le luci arancio-rosse fuori dal contesto totale del paesaggio secondo la testimonianza del testimone anonimo le luci vorticosamente e velocemente compivano evoluzioni aeree non giudicate dallo stesso come possibili per un veicolo terrestre , e sfuggivano alla gravità.

Di seguito poi la foto con zoom del 75% che nonostante è sfuocata mostra comunque due sfere rosse che quasi si toccano l'una con l'altra , l'aspetto e le evoluzioni fanno pensare ad altre sfere avvistate comunque in parti molto distanti del Mondo .

razione 3: @by Panetta Pietro

Lo scrivente ha interpellato un esperto fotografo locale ,la sua oppinione è che le foto sono da ritenersi originali del tutto prive di manipolazioni digitali , sono state fatte da una macchina fotografica semi professionale sony con zoom 75%, come la sgranatura fotografica evince.

Le considerazioni di tali dettagli quindi escludono che il soggetto sia un folle che si è inventato il tutto.

Credo che sia la prima volta che si realizzino foto cosi chiare di UFO.

L'occhio umano o meglio il cervello interpreta quanto accaduto in maniera logica , in maniera che si riesca a comprendere l'esperienza fatta o forse il cervello risponde cercando di dare una spiegazione   concepibile allo stress subito , chi ha avuto esperienza di rapimenti ne esce vistosamente cambiato alcune volte oppure ne esce rinnovato nello spirito come per fare un paragone se pur forzato con i pazienti che escono da un coma dopo il tunnel e la luce , la loro esistenza terrena è totalmente cambiata.

La visione dell'insieme sembra non lasciar dubbi.

Chi scrive suggerisce di adoperarsi per l'arte della meditazione forse vera cura per chi ritorna da queste esperienze. Perché lentamente si ritrova la pace almeno quella mentale.

Inoltre come più volte specificato questa ricerca è più una indagine conoscitiva per potersi adoperare nell'aiuto hai traumatizzati malcapitati di queste esperienze.

Sono raccomandati ulteriori studi , sin da ora lo scrivente si dichiara disponibile per collaborare con i colleghi ricercatori.

Ringraziamenti :

Per il completamento di questo libro si ringrazia per il sostegno e la grande pazienza dimostrata :

Lo staff della Libreria Municipale di Sanremo

Lo Studio Fotografico Emme

Il mio Staff

L'Adotto anonimo

Centro laboratorio analisi

Gli amici ed i parenti

Per le presentazioni in Libreria di questo libro; tutte le future Librerie

ISBN 978-0-244-41929-5

90000